Impressum
Verlag: BABADADA GmbH, Nedderfeld 112 , 22529 Hamburg
Geschäftsführer / Verlagsleitung: Harald Hof
Druck: Books on Demand GmbH, In de Tarpen 42, 22848 Norderstedt

Imprint
Publisher: BABADADA GmbH, Nedderfeld 112 , 22529 Hamburg, Germany
Managing Director / Publishing direction: Harald Hof
Print: Books on Demand GmbH, In de Tarpen 42, 22848 Norderstedt, Germany

Schule
学校

dividieren
除

186/2

Tafel
黑板

Klassenzimmer
教室

Schulhof
校园

Lehrer
老师

Papier
纸

schreiben
书写

Stift
钢笔

Schreibtisch
办公桌

Lineal
直尺

Buch
书

Schüler
学生

Ranzen

书包

Federmappe

铅笔盒

Bleistift

铅笔

Bleistiftanspitzer

卷笔刀

Radiergummi

橡皮擦

Zeichenblock

画板

Zeichnung

图画

Pinsel

画笔

Malkasten

颜料盒

Schere

剪刀

Klebstoff

胶水

Übungsheft

练习册

Hausaufgabe

家庭作业

12

Zahl

数字

2+2

addieren

加

5-2

subtrahieren

减

2×2

multiplizieren

乘

rechnen

计算

A

Buchstabe

字母

ABCDEFG HIJKLMN OPQRSTU VWXYZ

Alphabet

字母表

Wort

字

Text

课文

lesen

读

Kreide

粉笔

Stunde

上课

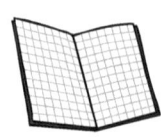

Klassenbuch

登记

Prüfung

考试

Zeugnis

证书

Schuluniform

校服

Ausbildung

教育

Lexikon

百科全书

Universität

大学

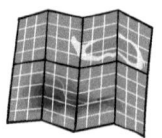

Mikroskop

显微镜

Karte

地图

Papierkorb

废纸筐

Reise
旅行

Hotel
酒店
Grand
Herberge
青年旅社
ROOMS
Wechselstube
外币兑换处
Koffer
手提箱
Auto
汽车

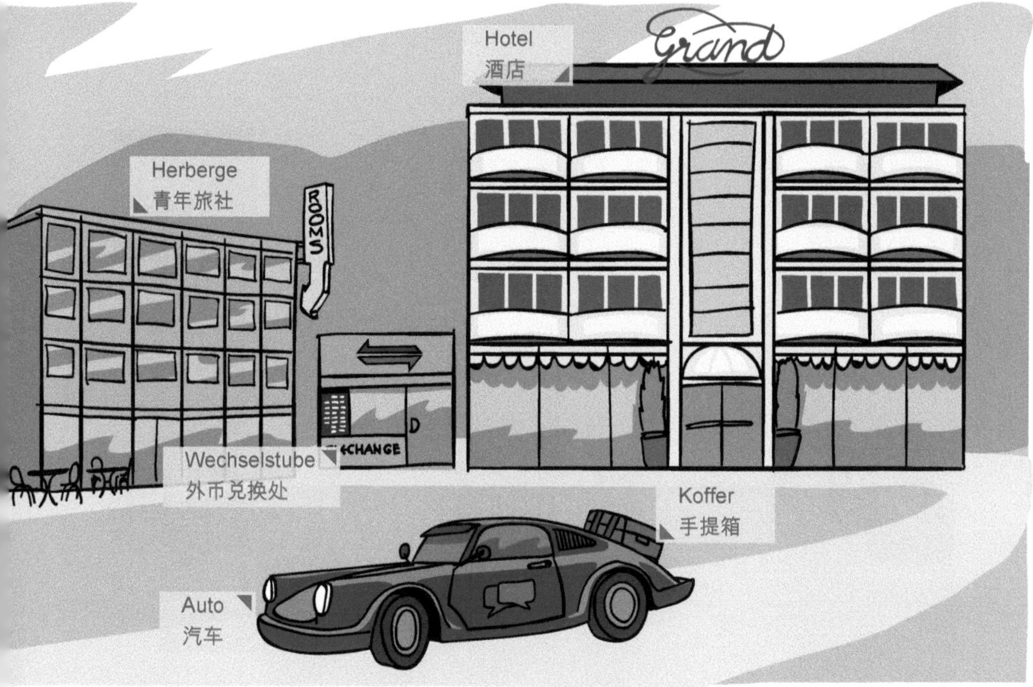

Sprache
语言

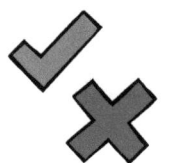

ja / nein
是/否

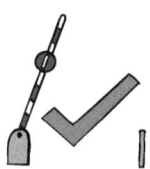

Okay
好的

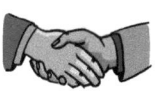

Hallo
您好

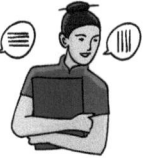

Übersetzer
翻译员

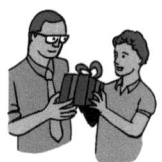

Danke
谢谢

Was kostet...?

……多少钱？

Ich verstehe nicht

我不明白

Problem

问题

Guten Abend!

晚上好！

Guten Morgen!

早上好！

Gute Nacht!

晚安！

Auf Wiedersehen

再见

Richtung

方向

Gepäck

行李

Tasche

包

Rucksack

双肩包

Gast

客人

Zimmer

房间

Schlafsack

睡袋

Zelt

帐篷

Touristeninformation

旅游信息

Strand

海滩

Kreditkarte

信用卡

Frühstück

早餐

Mittagessen

午餐

Abendessen

晚餐

Fahrkarte

票

Fahrstuhl

电梯

Briefmarke

邮票

Grenze

边界

Zoll

海关

Botschaft

大使馆

Visum

签证

Pass

护照

Transport
交通运输

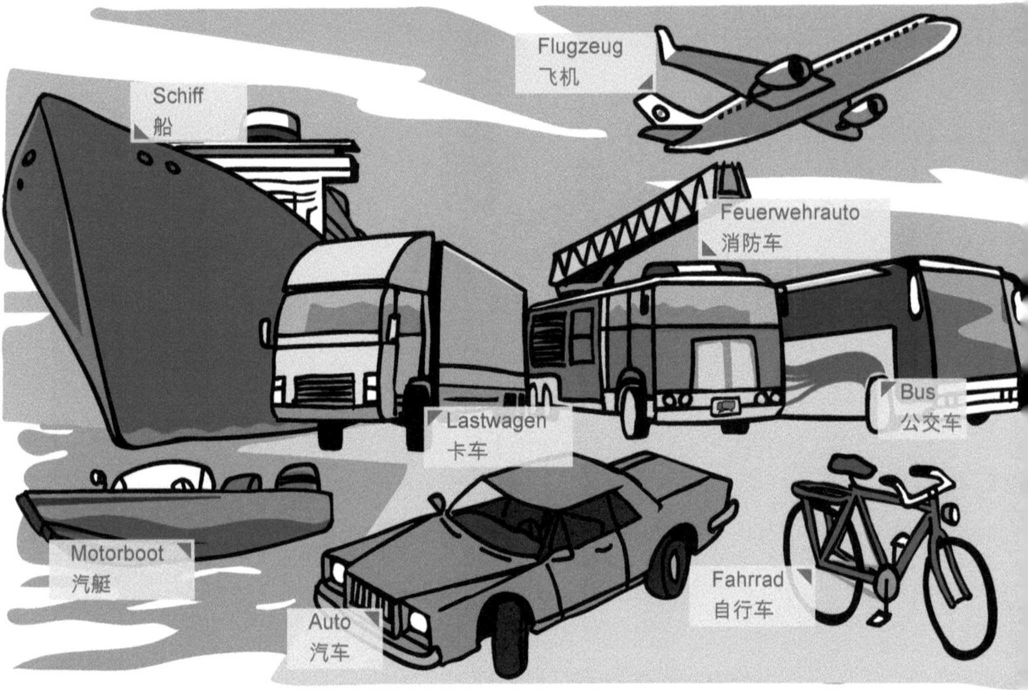

Flugzeug
飞机
Schiff
船
Feuerwehrauto
消防车
Bus
公交车
Lastwagen
卡车
Motorboot
汽艇
Fahrrad
自行车
Auto
汽车

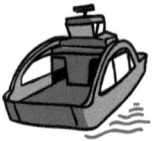

Fähre
摆渡船

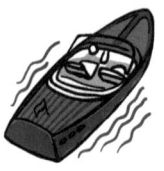

Boot
小船

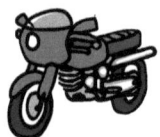

Motorrad
摩托车

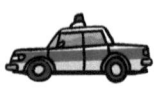

Polizeiauto
警车

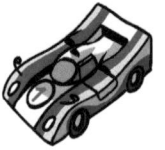

Rennauto
赛车

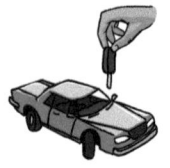

Mietwagen
租车

Carsharing

拼车

Abschleppwagen

拖车

Müllauto

垃圾车

Motor

发动机

Kraftstoff

汽油

Tankstelle

加油站

Verkehrsschild

交通标志

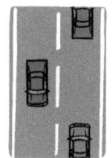

Verkehr

交通

Stau

交通堵塞

Parkplatz

停车场

Bahnhof

火车站

Schienen

轨道

Zug

火车

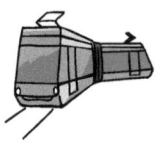

Straßenbahn

电车

Wagon

货车

Helikopter

直升机

Flughafen

机场

Tower

塔

Passagier

乘客

Container

集装箱

Karton

纸板箱

Karren

手推车

Korb

篮子

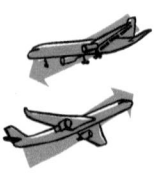

starten / landen

起飞/降落

Stadt

城市

Dorf

村庄

Stadtzentrum

市中心

Haus

房子

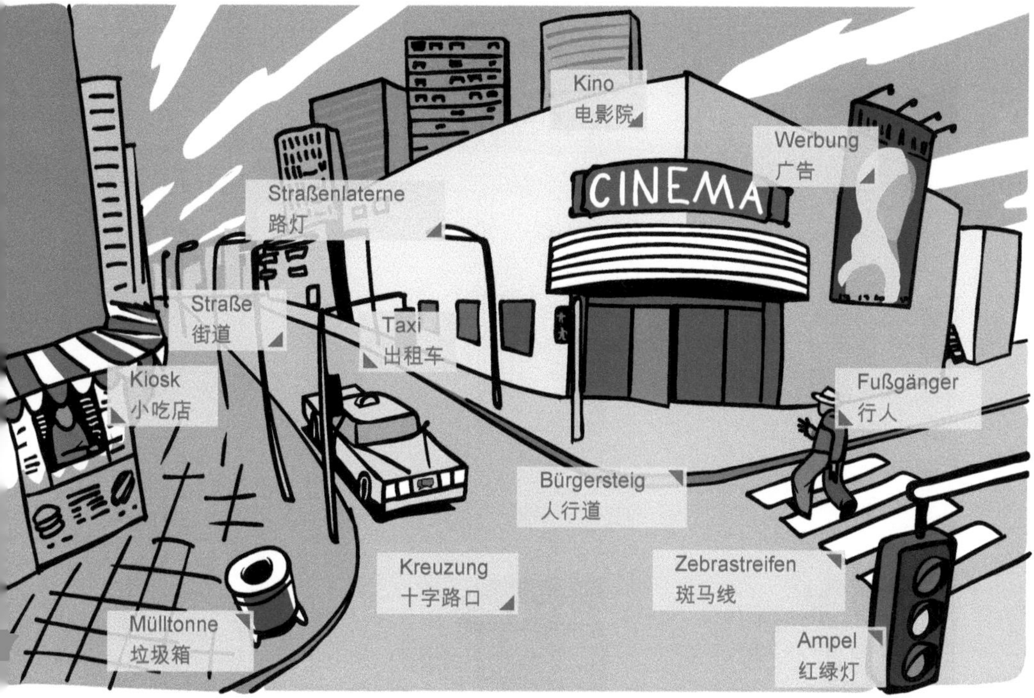
Kino
电影院
Werbung
广告
Straßenlaterne
路灯
Straße
街道
Taxi
出租车
Kiosk
小吃店
Fußgänger
行人
Bürgersteig
人行道
Kreuzung
十字路口
Zebrastreifen
斑马线
Mülltonne
垃圾箱
Ampel
红绿灯
CINEMA

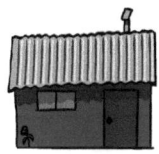

Hütte

小屋

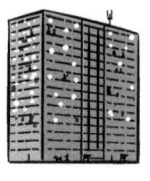

Wohnung

公寓

Bahnhof

火车站

Rathaus

市政厅

MUSEUM

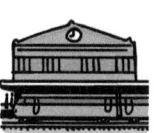

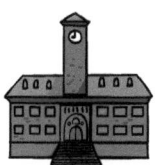

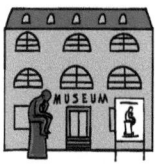

Museum

博物馆

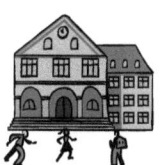

Schule

学校

Universität

大学

Bank

银行

Krankenhaus

医院

Hotel

酒店

Apotheke

药房

Büro

办公室

Buchhandlung

书店

Geschäft

商店

Blumenladen

花店

Supermarkt

超市

Markt

市场

Kaufhaus

百货商店

Fischhändler

鱼店

Einkaufszentrum

购物中心

Hafen

海港

Stadt - 城市

Park

公园

Bank

长凳

Brücke

桥

Treppe

楼梯

U-Bahn

地铁

Tunnel

隧道

Bushaltestelle

公交车站

Bar

酒吧

Restaurant

餐馆

Briefkasten

邮筒

Straßenschild

路标

Parkuhr

停车计时器

Zoo

动物园

Badeanstalt

游泳馆

Moschee

清真寺

Bauernhof

农场

Umweltverschmutzung

污染

Friedhof

墓地

Kirche

教堂

Spielplatz

操场

Tempel

寺庙

Landschaft

地形

Blatt
树叶

Wegweiser
指示牌

Weg
路

Wiese
草地

Stein
石头

Baum
树

Wanderer
徒步旅行者

Fluss
河

Gras
草

Blume
花

Tal

峡谷

Berg

山

See

湖

Wald

森林

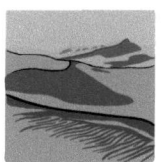

Wüste

沙漠

Vulkan

火山

Schloss

城堡

Regenbogen

彩虹

Pilz

蘑菇

Palme

棕榈树

Moskito

蚊子

Fliege

苍蝇

Ameise

蚂蚁

Biene

蜜蜂

Spinne

蜘蛛

Käfer

甲虫

Frosch

青蛙

Eichhörnchen

松鼠

Igel

刺猬

Hase

野兔

Eule

猫头鹰

Vogel

鸟

Schwan

天鹅

Wildschwein

野猪

Hirsch

鹿

Elch

麋鹿

Staudamm

水坝

Windrad

风力发电机

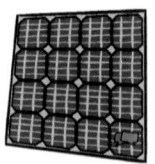

Solarmodul

太阳能电池板

Klima

气候

Restaurant
餐馆

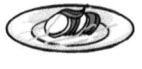

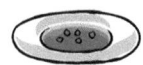

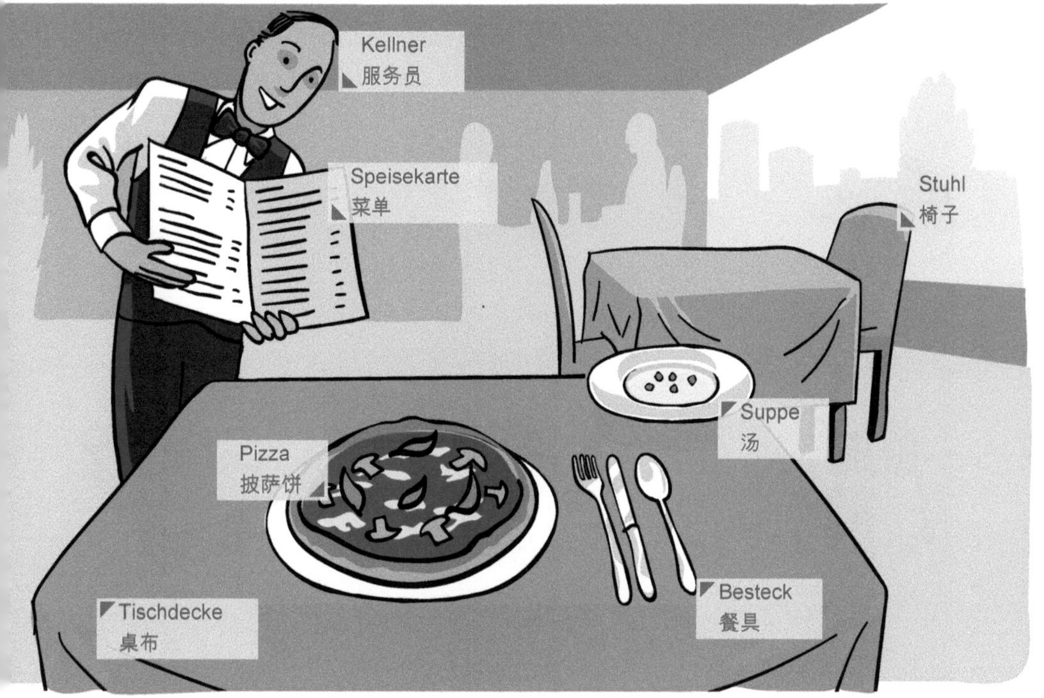
Kellner
服务员
Speisekarte
菜单
Stuhl
椅子
Suppe
汤
Pizza
披萨饼
Besteck
餐具
Tischdecke
桌布

Vorspeise

前菜

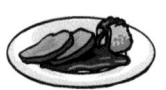

Hauptgericht

主菜

Nachspeise

甜点

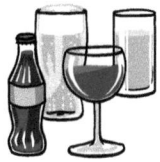

Getränke

饮料

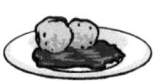

Essen

食物

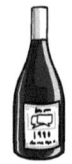

Flasche

瓶子

Fastfood

快餐

Streetfood

街边小吃

Teekanne

茶壶

Zuckerdose

糖盒

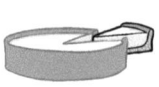

Portion

一份饭菜

Espressomaschine

意式咖啡机

Hochstuhl

高脚椅

Rechnung

账单

Tablett

托盘

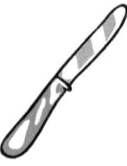

Messer

刀

Gabel

餐叉

Löffel

勺子

Teelöffel

茶匙

Serviette

餐巾

Glas

玻璃杯

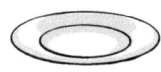

Teller

碟子

Suppenteller

汤盘

Untertasse

碟子

Sauce

酱

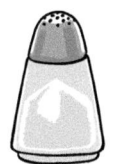

Salzstreuer

盐瓶

Pfeffermühle

胡椒磨

Essig

醋

Öl

食用油

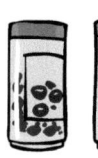

Gewürze

调味料

Ketchup

番茄酱

Senf

芥末

Mayonnaise

蛋黄酱

Supermarkt
超市

Angebot
特价
FOR
Kunde
顾客
Milchprodukte
乳制品
Obst
水果
Einkaufswagen
购物车

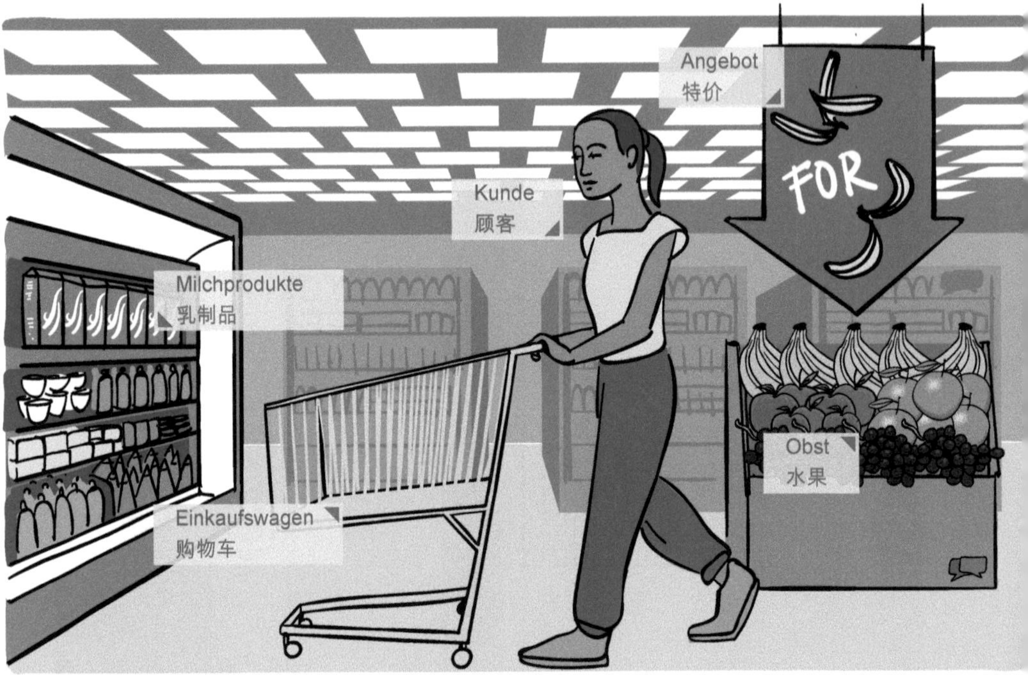

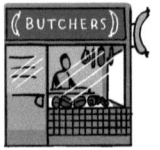

BUTCHERS

Schlachterei

肉铺

BAKERY

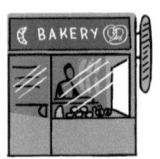

Bäckerei

面包房

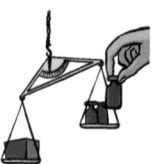

wiegen

称重

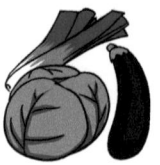

Gemüse

蔬菜

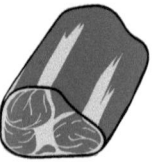

Fleisch

肉

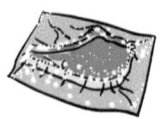

Tiefkühlkost

冷冻食品

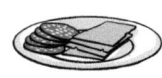

Aufschnitt

冷盘

Konserven

罐头食品

Waschmittel

洗衣粉

Süßigkeiten

甜食

Haushaltsartikel

日用品

Reinigungsmittel

清洁用品

Verkäuferin

销售员

Kasse

收银机

Kassierer

收银员

Einkaufsliste

购物清单

Öffnungszeiten

开放时间

Brieftasche

钱包

Kreditkarte

信用卡

Tasche

袋子

Plastiktüte

塑料袋

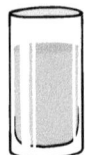

Wasser

水

Saft

果汁

Milch

牛奶

Cola

可乐

Wein

红酒

Bier

啤酒

Alkohol

酒

Kakao

可可

Tee

茶

Kaffee

咖啡

Espresso

意式浓缩咖啡

Cappuccino

卡布奇诺

Banane

香蕉

Apfel

苹果

Orange

橙子

Melone

西瓜

Zitrone

柠檬

Karotte

胡萝卜

Knoblauch

大蒜

Bambus

竹子

Zwiebel

洋葱

Pilz

蘑菇

Nüsse

坚果

Nudeln

面条

Spaghetti

意大利面条

Reis

米饭

Salat

沙拉

Pommes frites

薯条

Bratkartoffeln

炸土豆

Pizza

披萨饼

Hamburger

汉堡包

Sandwich

三明治

Schnitzel

炸猪排

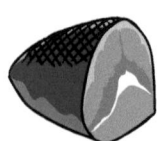

Schinken

火腿

Salami

萨拉米

Wurst

香肠

Huhn

鸡肉

Braten

烤肉

Fisch

鱼

Essen - 食物

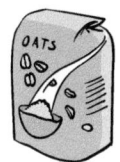

Haferflocken

燕麦片

Müsli

穆兹利

Cornflakes

玉米片

Mehl

面粉

Croissant

羊角面包

Brötchen

面包卷

Brot

面包

Toast

烤面包

Kekse

饼干

Butter

黄油

Quark

凝乳

Kuchen

蛋糕

Ei

蛋

Spiegelei

煎蛋

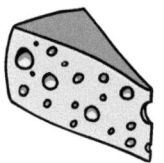

Käse

奶酪

Eiscreme

冰激凌

Zucker

糖

Honig

蜂蜜

Marmelade

果酱

Nougat-Creme

巧克力酱

Curry

咖喱饭

Bauernhof
农场

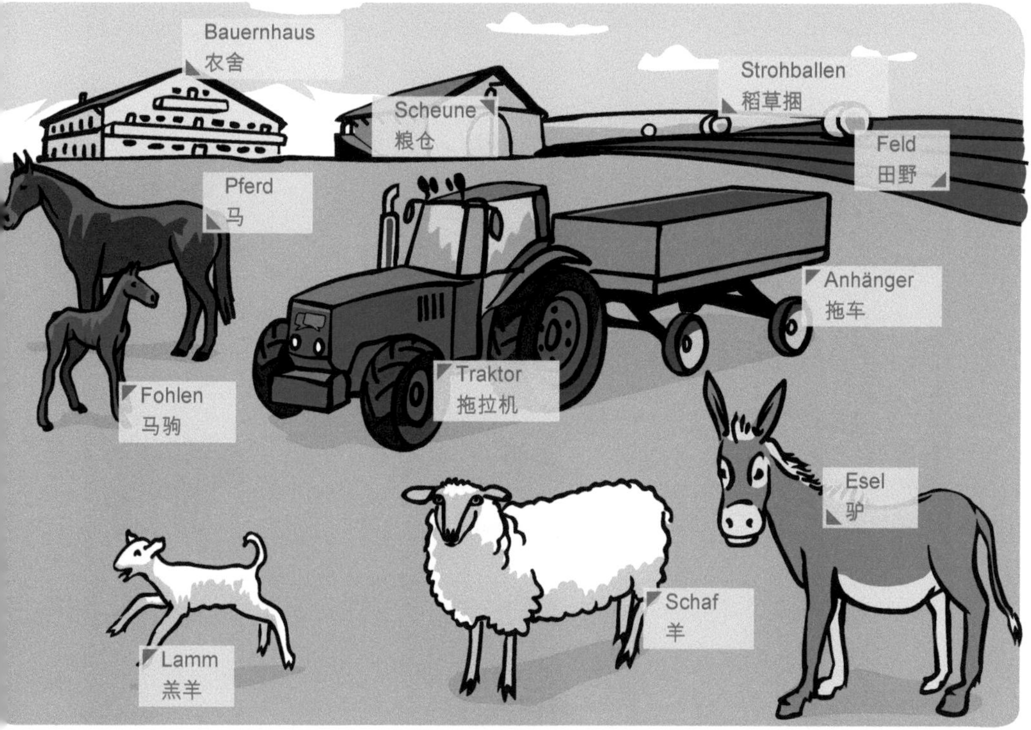
Bauernhaus
农舍
Scheune
粮仓
Strohballen
稻草捆
Feld
田野
Pferd
马
Anhänger
拖车
Traktor
拖拉机
Fohlen
马驹
Esel
驴
Schaf
羊
Lamm
羔羊

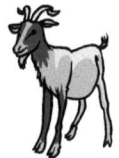

Ziege
山羊

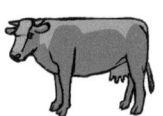

Kuh
奶牛

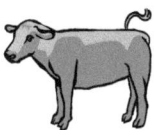

Kalb
牛犊

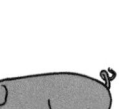

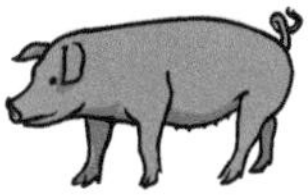

Schwein
猪

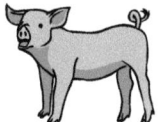

Ferkel
小猪

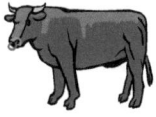

Bulle
公牛

Gans

鹅

Ente

鸭

Küken

小鸡

Huhn

母鸡

Hahn

公鸡

Ratte

鼠

Katze

猫

Maus

老鼠

Ochse

牛

Hund

狗

Hundehütte

狗屋

Gartenschlauch

花园浇水软管

Gießkanne

洒水壶

Sense

长柄大镰刀

Pflug

犁

Sichel
镰刀

Hacke
锄头

Mistgabel
长柄草耙

Axt
斧头

Schubkarre
独轮手推车

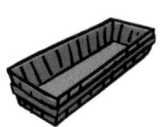

Trog
饲料槽

Milchkanne
牛奶罐

Sack
麻布袋

Zaun
栅栏

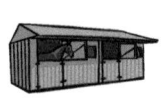

Stall
马厩

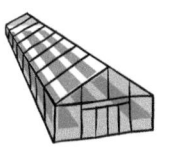

Treibhaus
温室

Boden
土壤

Saat
种子

Dünger
肥料

Mähdrescher
联合收割机

ernten

收割

Ernte

收割

Yamswurzel

山药

Weizen

小麦

Soja

大豆

Kartoffel

土豆

Mais

玉米

Raps

油菜籽

Obstbaum

果树

Maniok

树薯

Getreide

谷物

Haus
房子

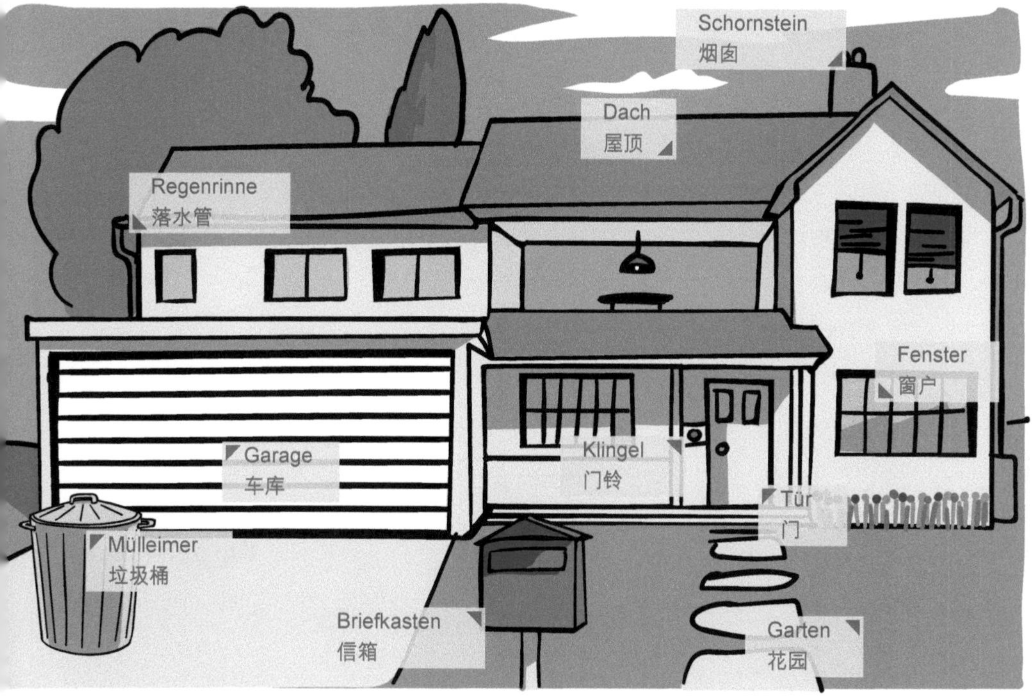

Schornstein
烟囱
Dach
屋顶
Regenrinne
落水管
Fenster
窗户
Klingel
门铃
Garage
车库
Tür
门
Mülleimer
垃圾桶
Briefkasten
信箱
Garten
花园

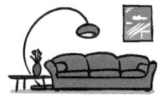

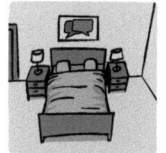

Wohnzimmer

客厅

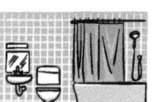

Badezimmer

浴室

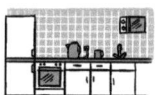

Küche

厨房

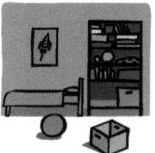

Schlafzimmer

卧室

Kinderzimmer

儿童房

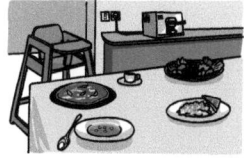

Esszimmer

餐厅

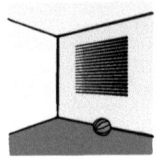

Boden

地板

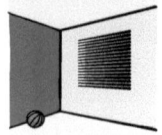

Wand

墙壁

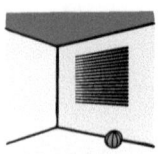

Decke

吊顶

Keller

地窖

Sauna

桑拿

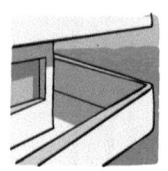

Balkon

阳台

Terrasse

露台

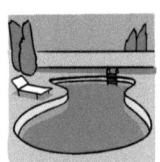

Schwimmbad

游泳池

Rasenmäher

割草机

Bettbezug

被单

Bettdecke

床罩

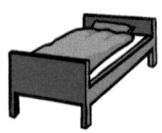

Bett

床

Besen

扫帚

Eimer

水桶

Schalter

开关

Wohnzimmer
客厅

Tapete
壁纸
Bild
照片
Lampe
台灯
Regal
搁架
Schrank
橱柜
Fernseher
电视机
Kamin
壁炉
Blume
花
Kissen
垫子
Sofa
沙发
Vase
花瓶
Fernbedienung
遥控器

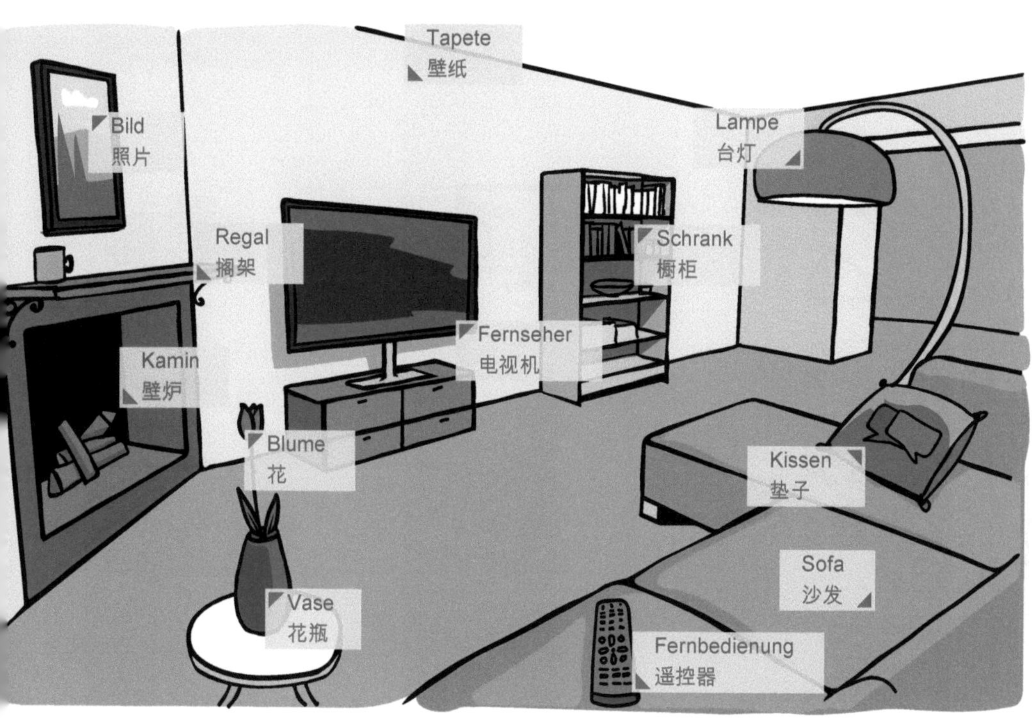

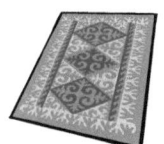

Teppich

地毯

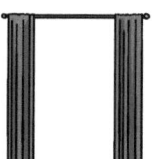

Vorhang

窗帘

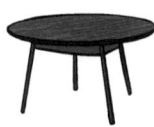

Tisch

餐桌

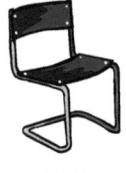

Stuhl

椅子

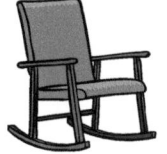

Schaukelstuhl

摇椅

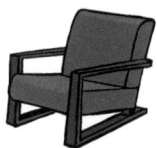

Sessel

扶手椅

Buch
书

Decke
毯子

Dekoration
装饰品

Feuerholz
木柴

Film
电影

Stereoanlage
高保真音响

Schlüssel
钥匙

Zeitung
报纸

Gemälde
油画

Poster
海报

Radio
收音机

Notizblock
笔记本

Staubsauger
吸尘器

Kaktus
仙人掌

Kerze
蜡烛

Küche
厨房

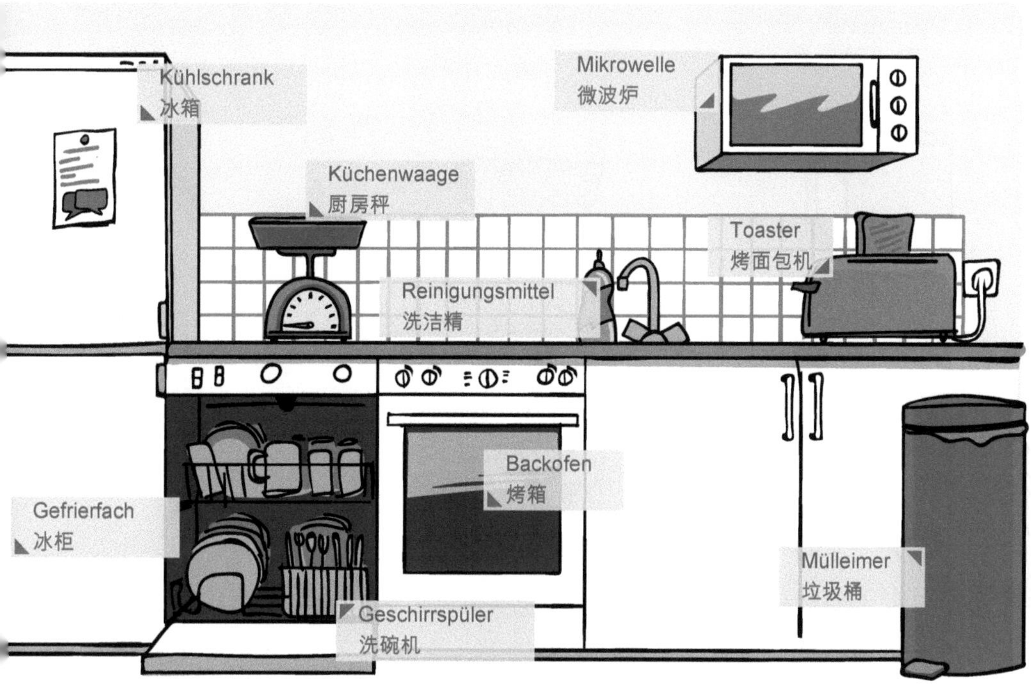

Kühlschrank
冰箱
Mikrowelle
微波炉
Küchenwaage
厨房秤
Toaster
烤面包机
Reinigungsmittel
洗洁精
Backofen
烤箱
Gefrierfach
冰柜
Mülleimer
垃圾桶
Geschirrspüler
洗碗机

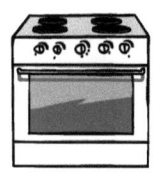

Herd

炊具

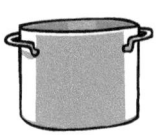

Topf

锅

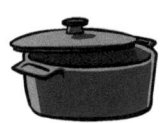

Eisentopf

铸铁锅

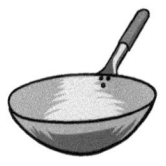

Wok / Kadai

炒锅

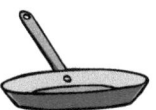

Pfanne

平底锅

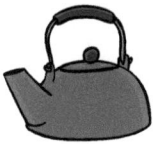

Wasserkocher

水壶

Dampfgarer

蒸锅

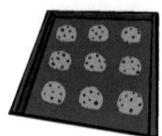

Backblech

烤盘

Geschirr

陶瓷锅

Becher

马克杯

Schale

碗

Essstäbchen

筷子

Suppenkelle

长柄勺

Pfannenwender

铲子

Schneebesen

搅拌器

Kochsieb

滤网

Sieb

筛子

Reibe

磨碎机

Mörser

研钵

Grill

烧烤

Feuerstelle

明火

Schneidebrett

菜板

Nudelholz

擀面杖

Korkenzieher

开瓶器

Dose

罐子

Dosenöffner

开罐器

Topflappen

隔热手套

Waschbecken

水槽

Bürste

刷子

Schwamm

海绵

Mixer

搅拌机

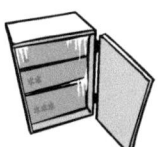

Gefriertruhe

冷藏箱

Babyflasche

奶瓶

Wasserhahn

水龙头

Badezimmer
浴室

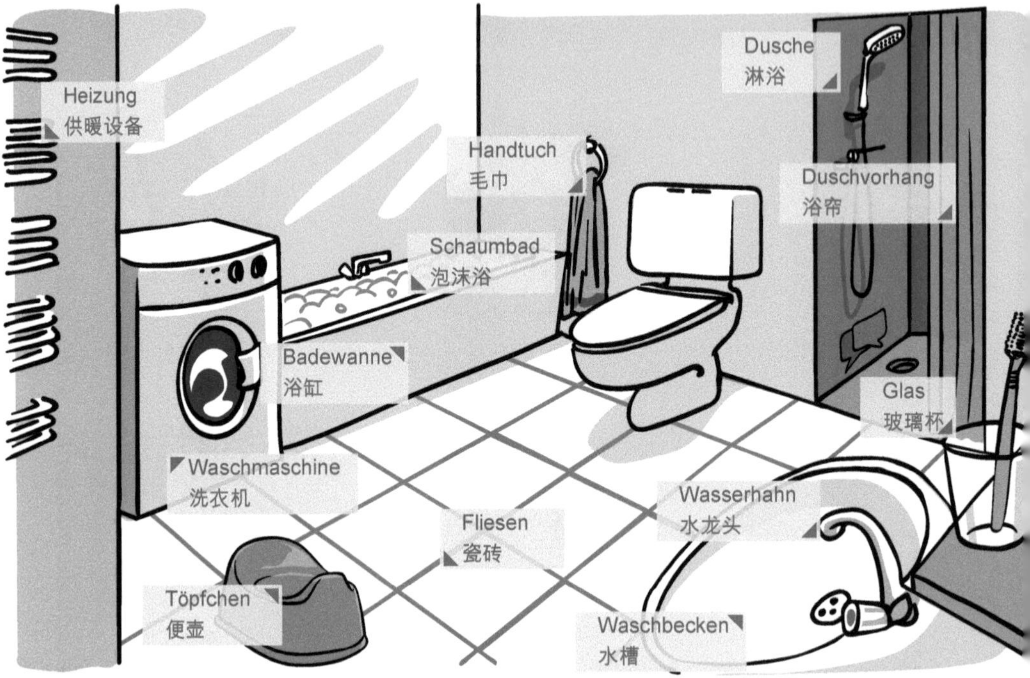

Heizung
供暖设备
Handtuch
毛巾
Dusche
淋浴
Duschvorhang
浴帘
Schaumbad
泡沫浴
Badewanne
浴缸
Glas
玻璃杯
Waschmaschine
洗衣机
Wasserhahn
水龙头
Fliesen
瓷砖
Töpfchen
便壶
Waschbecken
水槽

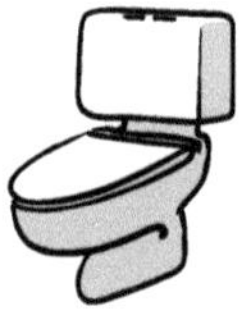
Toilette
厕所

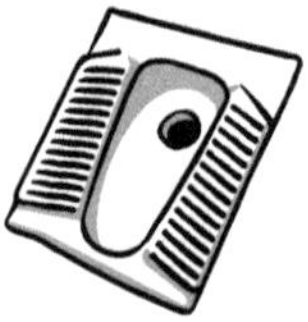
Hocktoilette
蹲便器

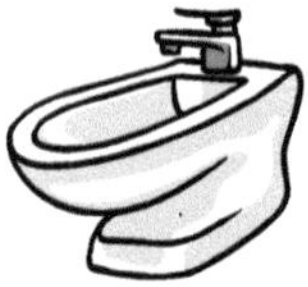
Bidet
坐浴器

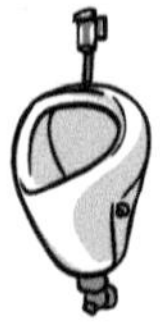
Pissoir
小便池

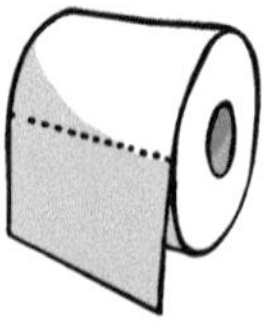
Toilettenpapier
厕纸

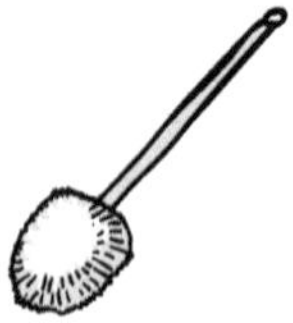
Toilettenbürste
马桶刷

Zahnbürste

牙刷

Zahnpasta

牙膏

Zahnseide

牙线

waschen

洗

Handbrause

手持式喷淋头

Intimdusche

冲洗器

Waschschüssel

洗脸盆

Rückenbürste

擦背刷

Seife

肥皂

Duschgel

沐浴露

Shampoo

洗发水

Waschlappen

法兰绒

Abfluss

排水

Creme

乳霜

Deodorant

除臭剂

Spiegel
镜子

Kosmetikspiegel
手镜

Rasierer
剃须刀

Rasierschaum
剃须泡沫

Rasierwasser
须后水

Kamm
梳子

Bürste
刷子

Föhn
吹风机

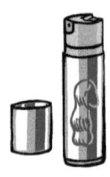

Haarspray
喷发定型剂

Makeup
化妆品

Lippenstift
唇膏

Nagellack
指甲油

Watte
化妆棉

Nagelschere
指甲剪

Parfum
香水

Kulturbeutel

洗漱包

Hocker

凳子

Waage

计重秤

Bademantel

浴袍

Gummihandschuhe

橡胶手套

Tampon

卫生棉条

Damenbinde

卫生巾

Chemietoilette

化学厕所

Kinderzimmer
儿童房

Wecker
闹钟
Kuscheltier
毛绒玩具
Spielzeugauto
玩具车
Rassel
拨浪鼓
Puppenhaus
玩具屋
Geschenk
礼物

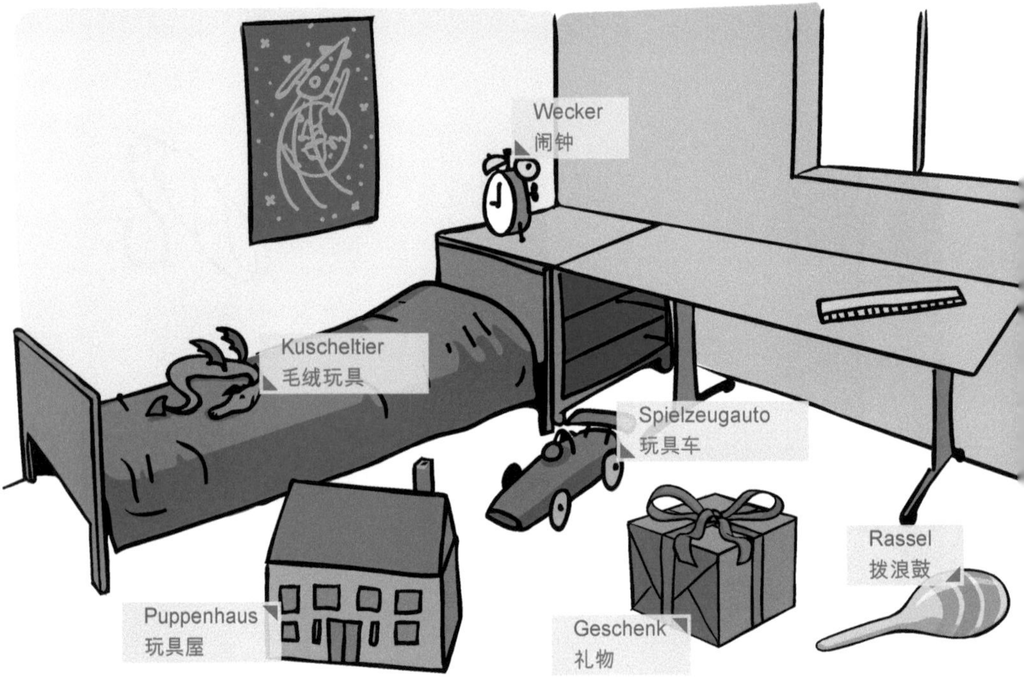

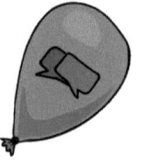

Ballon

气球

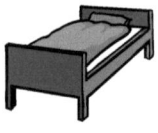

Bett

床

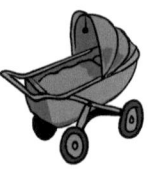

Kinderwagen

（洋娃娃用）婴儿车

Kartenspiel

扑克牌

Puzzle

拼图

SUPER
MEGA

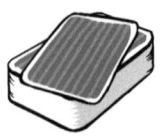

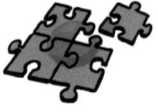

Comic

漫画

Legosteine

乐高积木

Bausteine

积木玩具

Action Figur

玩具人

Strampelanzug

婴儿服

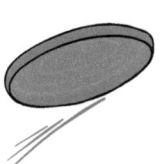

Frisbee

飞盘

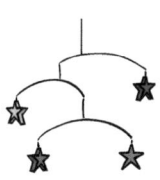

Mobile

床铃玩具

Brettspiel

棋盘游戏

Würfel

骰子

Modelleisenbahn

火车模型

Schnuller

安抚奶嘴

Party

聚会

Bilderbuch

绘本

Ball

球

Puppe

洋娃娃

spielen

玩

Sandkasten

沙坑

Schaukel

秋千

Spielzeug

玩具

Spielkonsole

游戏机

Dreirad

三轮车

Teddy

泰迪熊

Kleiderschrank

衣柜

Kleidung

衣服

Socken

袜子

Strümpfe

长袜

Strumpfhose

紧身裤

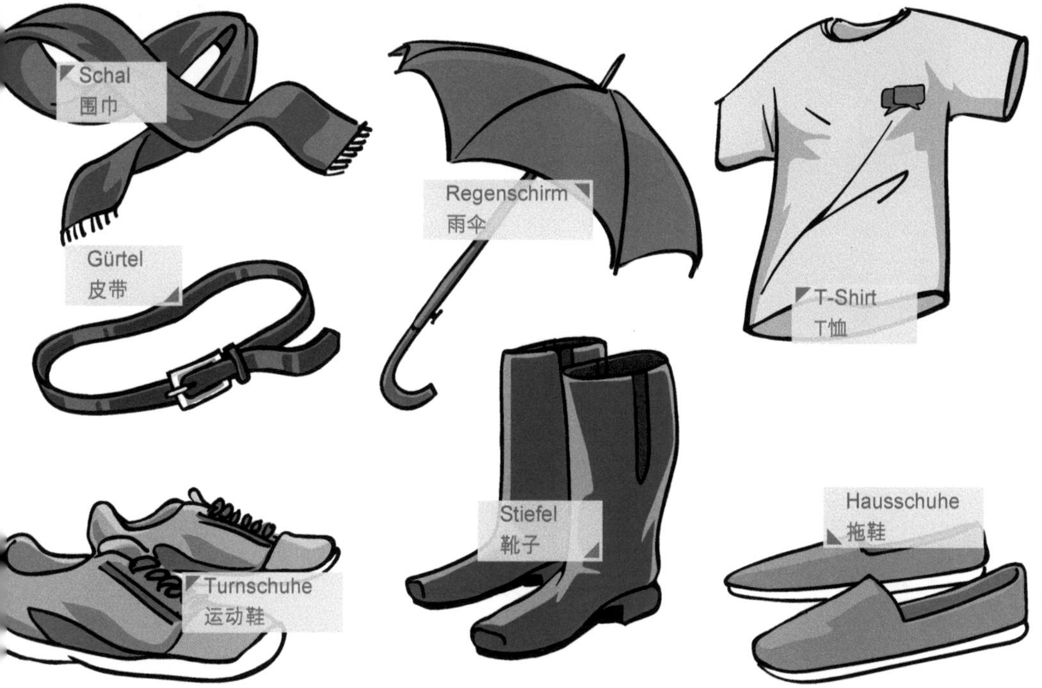

Schal
围巾

Regenschirm
雨伞

Gürtel
皮带

T-Shirt
T恤

Stiefel
靴子

Hausschuhe
拖鞋

Turnschuhe
运动鞋

Sandalen

凉鞋

Schuhe

鞋

Gummistiefel

雨靴

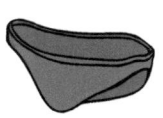

Unterhose

内裤

Büstenhalter

胸罩

Unterhemd

背心

Body
身体

Hose
裤子

Jeans
牛仔裤

Rock
短裙

Bluse
女式衬衫

Hemd
衬衫

Pullover
套头衫

Kapuzenpullover
卫衣

Blazer
西装夹克

Jacke
夹克

Mantel
外套

Regenmantel
雨衣

Kostüm
套装

Kleid
连衣裙

Hochzeitskleid
婚纱

Anzug

西装

Nachthemd

睡袍

Schlafanzug

睡衣

Sari

莎丽

Kopftuch

头巾

Turban

包头巾

Burka

波卡

Kaftan

卡夫坦

Abaya

(阿拉伯式)长袍

Badeanzug

泳衣

Badehose

男式泳裤

Kurze Hose

短裤

Trainingsanzug

运动服

Schürze

围裙

Handschuhe

手套

Knopf

纽扣

Brille

眼镜

Armband

手链

Halskette

项链

Ring

戒指

Ohrring

耳环

Mütze

便帽

Kleiderbügel

衣架

Hut

帽子

Krawatte

领带

Reißverschluss

拉链

Helm

头盔

Hosenträger

背带

Schuluniform

校服

Uniform

制服

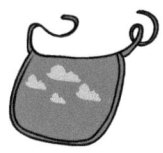

Lätzchen

围兜

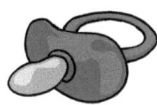

Schnuller

安抚奶嘴

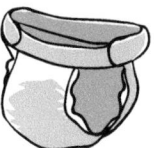

Windel

尿不湿

Büro

办公室

Server
服务器
Aktenschrank
文件柜
Papier
纸
Drucker
打印机
Monitor
显示屏
Maus
鼠标
Schreibtisch
办公桌
Ordner
文件夹
Tastatur
键盘
Stuhl
椅子
Papierkorb
废纸筐
Computer
电脑

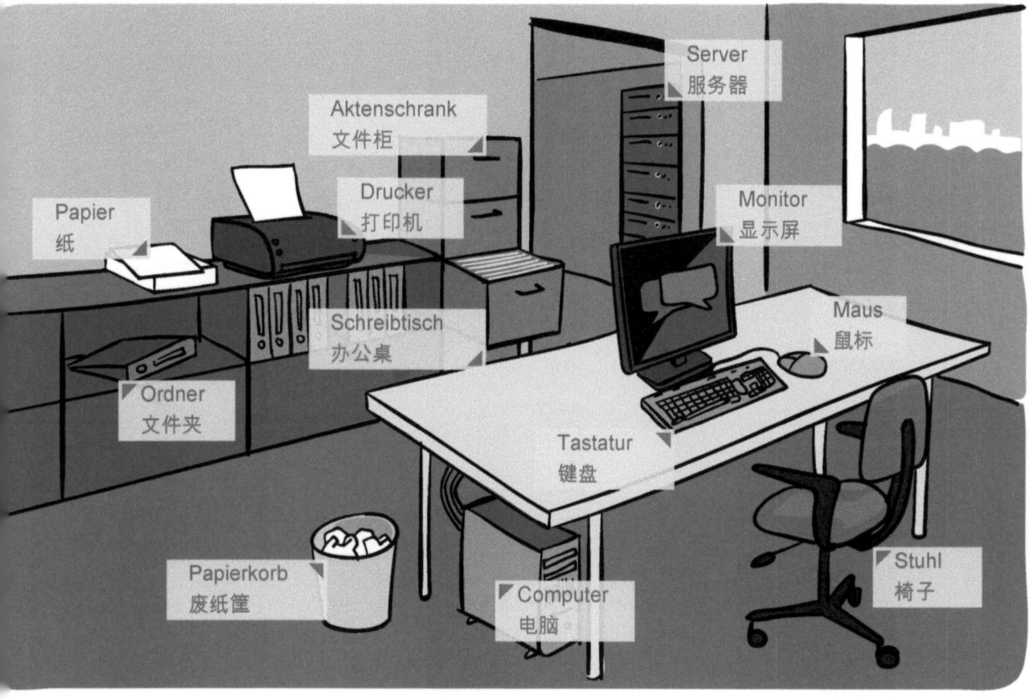

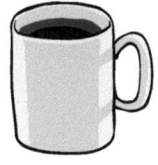

Kaffeebecher

咖啡杯

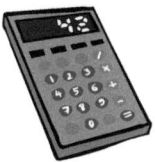

Taschenrechner

计算器

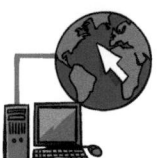

Internet

因特网

Laptop

笔记本电脑

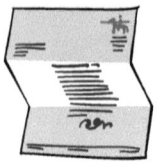

Brief

信件

Nachricht

消息

Handy

手机

Netzwerk

网络

Kopierer

复印机

Software

软件

Telefon

电话

Steckdose

插座

Fax

传真机

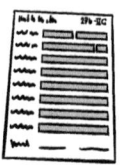

Formular

表格

Dokument

文件

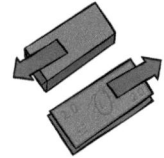

kaufen

买

bezahlen

付钱

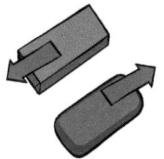

handeln

交易

Geld

现金

Dollar

美元

Euro

欧元

Yen

日元

Rubel

卢布

Franken

瑞士法郎

Renminbi Yuan

人民币

Rupie

卢比

Geldautomat

提款处

Wechselstube

外币兑换处

Gold

金

Silber

银

Öl

石油

Energie

能源

Preis

价格

Vertrag

合同

Steuer

税金

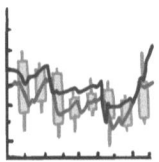

Aktie

股票

arbeiten

工作

Angestellter

职员

Arbeitgeber

老板

Fabrik

工厂

Geschäft

商店

Berufe
职业

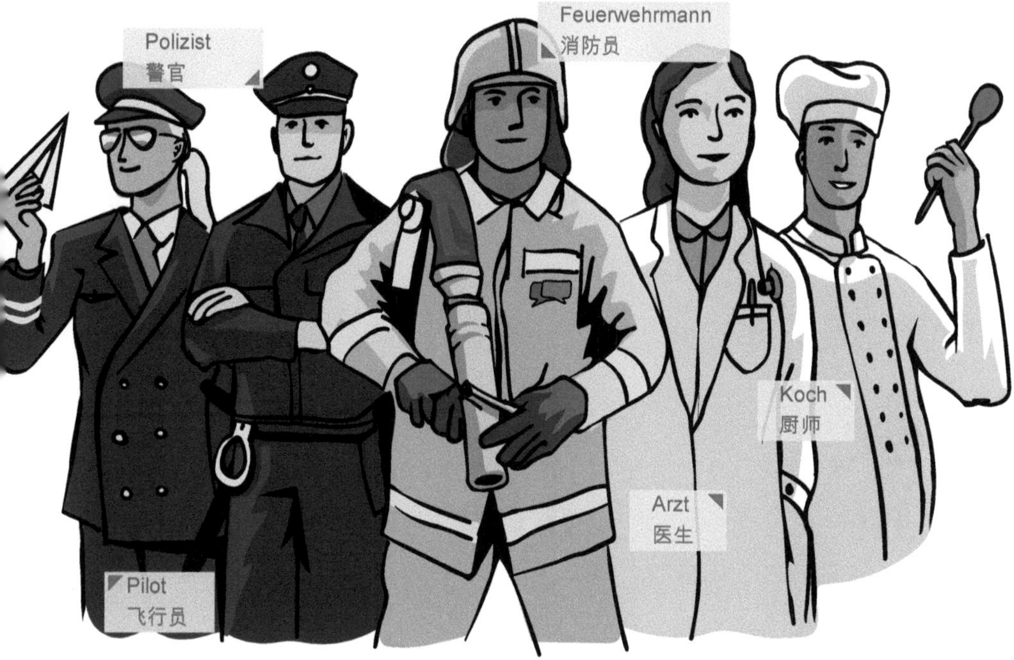

Polizist
警官
Feuerwehrmann
消防员
Koch
厨师
Arzt
医生
Pilot
飞行员

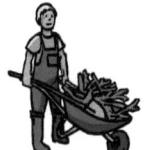

Gärtner
园丁

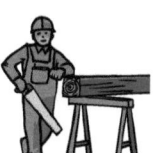

Tischler
木匠

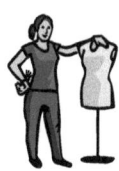

Näherin
裁缝

Richter
法官

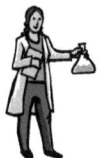

Chemiker
化学家

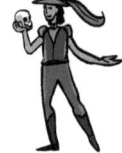

Schauspieler
演员

Busfahrer

公交车司机

Taxifahrer

出租车司机

Fischer

渔夫

Putzfrau

清洁女工

Dachdecker

屋顶工

Kellner

服务员

Jäger

猎人

Maler

画家

Bäcker

面包师

Elektriker

电工

Bauarbeiter

建筑工人

Ingenieur

工程师

Schlachter

屠夫

Klempner

水管工

Postbote

邮递员

Soldat

士兵

Architekt

建筑师

Kassierer

收银员

Florist

花农

Friseur

理发师

Schaffner

售票员

Mechaniker

机械师

Kapitän

船长

Zahnarzt

牙医

Wissenschaftler

科学家

Rabbi

拉比

Imam

伊玛目

Mönch

和尚

Geistlicher

牧师

Werkzeuge
工具

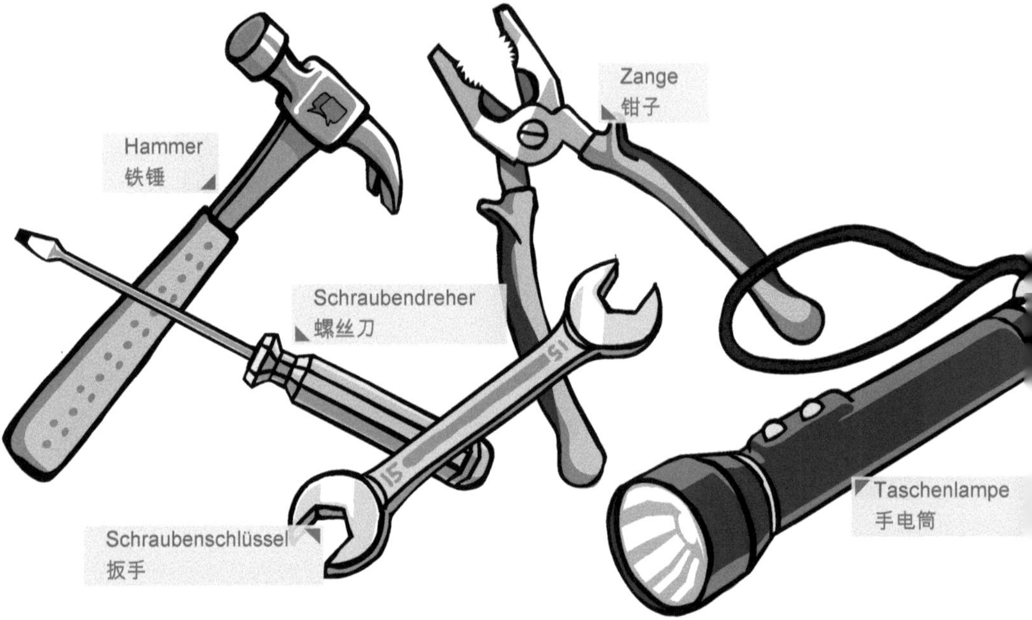
Hammer
铁锤
Zange
钳子
Schraubendreher
螺丝刀
Taschenlampe
手电筒
Schraubenschlüssel
扳手

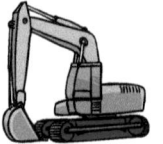

Bagger
挖掘机

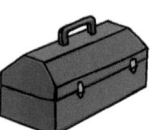

Werkzeugkasten
工具箱

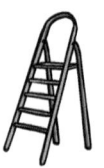

Leiter
梯子

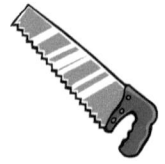

Säge
锯子

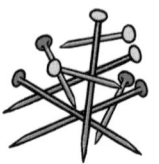

Nägel
钉子

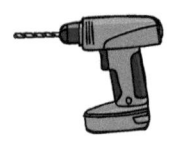

Bohrer
钻机

reparieren

修

Schaufel

铲子

Mist!

靠！

Kehrblech

簸箕

Farbtopf

油漆桶

Schrauben

螺丝

Musikinstrumente

乐器

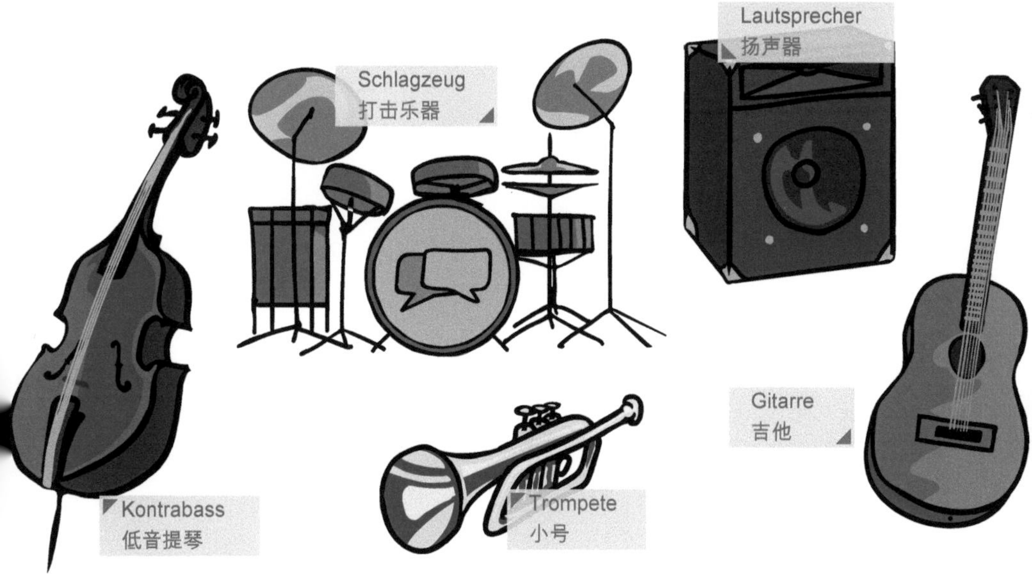

Schlagzeug
打击乐器

Lautsprecher
扬声器

Kontrabass
低音提琴

Trompete
小号

Gitarre
吉他

Klavier

钢琴

Violine

小提琴

Bass

贝斯

Pauke

定音鼓

Trommeln

鼓

Keyboard

电子琴

Saxophon

萨克斯管

Flöte

长笛

Mikrofon

麦克风

Zoo

动物园

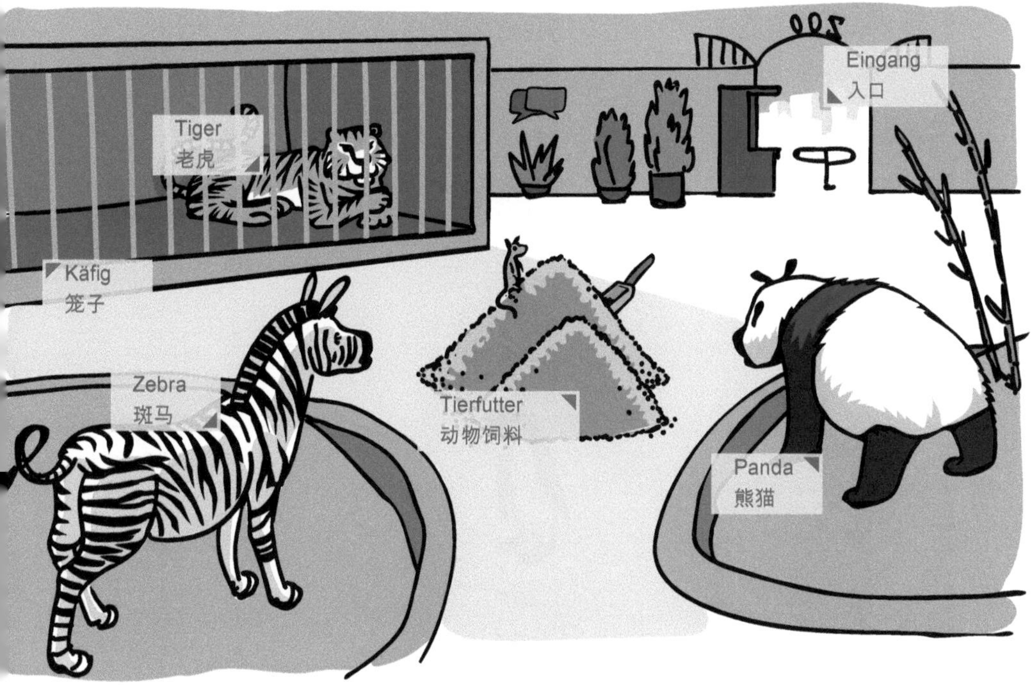
Tiger
老虎
Eingang
入口
Käfig
笼子
Zebra
斑马
Tierfutter
动物饲料
Panda
熊猫

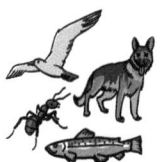

Tiere

动物

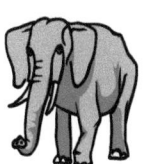

Elefant

大象

Känguru

袋鼠

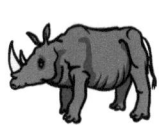

Nashorn

犀牛

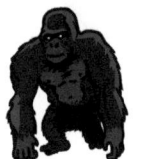

Gorilla

大猩猩

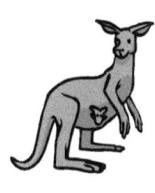

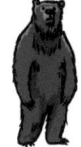

Bär

熊

Kamel

骆驼

Strauß

鸵鸟

Löwe

狮子

Affe

猴子

Flamingo

火烈鸟

Papagei

鹦鹉

Eisbär

北极熊

Pinguin

企鹅

Hai

鲨鱼

Pfau

孔雀

Schlange

蛇

Krokodil

鳄鱼

Zoowärter

动物园管理员

Robbe

海豹

Jaguar

美洲豹

Pony

矮种马

Leopard

豹

Nilpferd

河马

Giraffe

长颈鹿

Adler

老鹰

Wildschwein

野猪

Fisch

鱼

Schildkröte

龟

Walross

海象

Fuchs

狐狸

Gazelle

羚羊

American Football
橄榄球

Radfahren
骑自行车

Tennis
网球

Basketball
篮球

Schwimmen
游泳

Boxen
拳击

Eishockey
冰球

Fußball

英式足球

Badminton

羽毛球

Leichtathletik

田径

Handball

手球

Skilaufen

滑雪

Polo

马球

springen
跳

umarmen
拥抱

lachen
笑

gehen
走路

singen
唱

träumen
做梦

beten
祈祷

küssen
亲吻

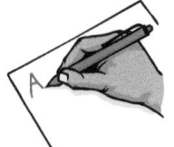

schreiben
书写

zeichnen
画

zeigen
展示

drücken
推

geben
给

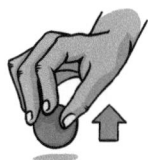

nehmen
拿

haben

有

tun

做

sein

当

stehen

站

laufen

跑

ziehen

拉

werfen

扔

fallen

摔倒

liegen

躺

warten

等待

tragen

携带

sitzen

坐

anziehen

穿衣

schlafen

睡觉

aufwachen

醒来

ansehen
看

weinen
哭

streicheln
抚摸

kämmen
梳头

reden
交谈

verstehen
明白

fragen
问

hören
听

trinken
喝

essen
吃

aufräumen
清理

lieben
爱

kochen
做饭

fahren
开车

fliegen
飞

segeln

航行

rechnen

计算

lesen

读

lernen

学习

arbeiten

工作

heiraten

结婚

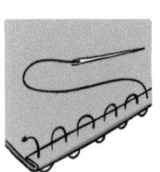

nähen

缝

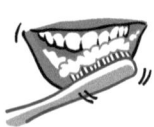

Zähne putzen

刷牙

töten

杀

rauchen

抽烟

senden

寄

Familie
家

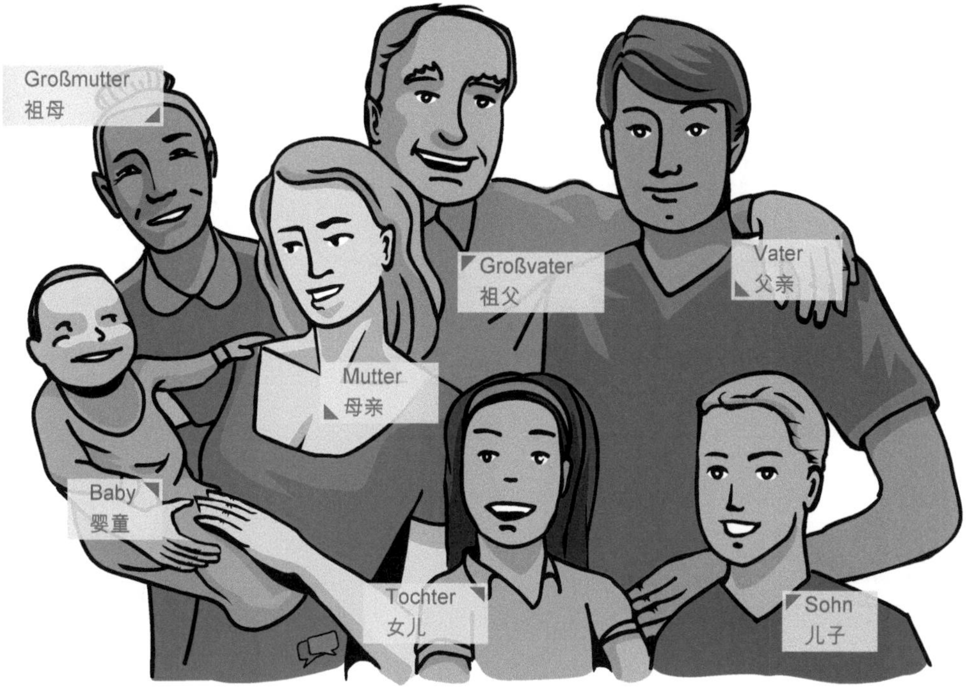
Großmutter
祖母
Großvater
祖父
Vater
父亲
Mutter
母亲
Baby
婴童
Tochter
女儿
Sohn
儿子

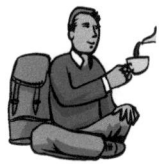

Gast

客人

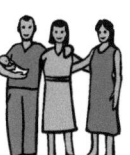

Tante

阿姨

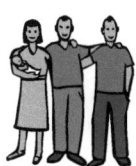

Onkel

叔叔

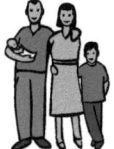

Bruder

兄弟

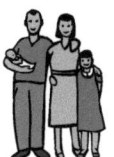

Schwester

姐妹

Körper
身体

Stirn
前额
Auge
眼睛
Schulter
肩膀
Finger
手指
Gesicht
脸
Kinn
下巴
Hand
手
Bein
腿
Brust
乳房
Arm
手臂

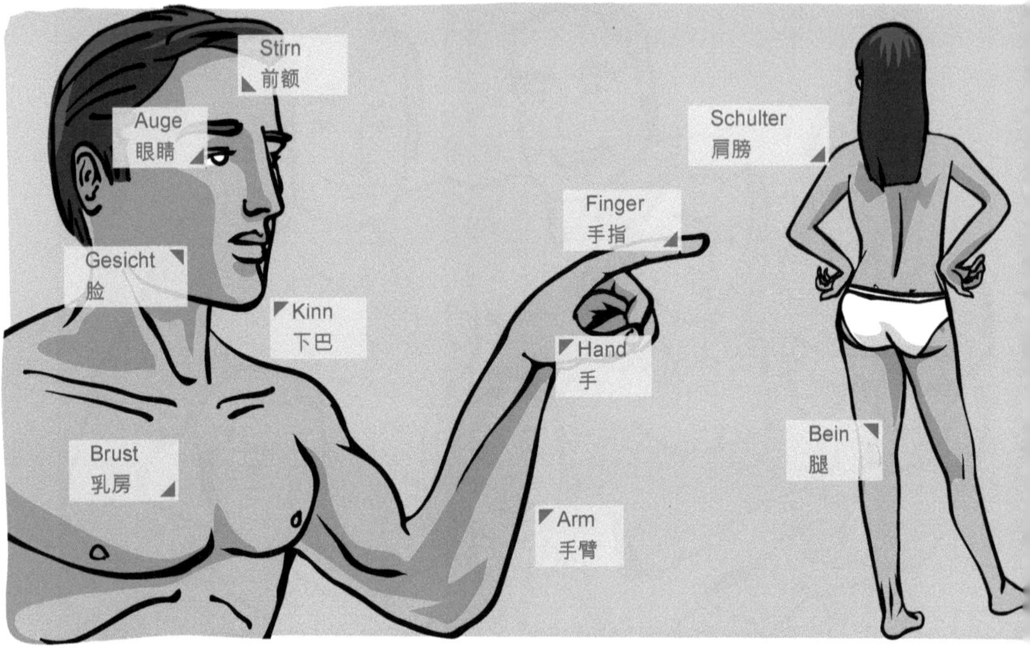

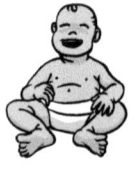

Baby
婴童

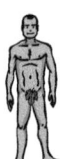

Mann
男人

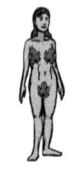

Frau
女人

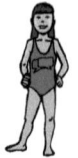

Mädchen
女孩

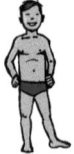

Junge
男孩

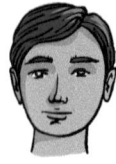

Kopf
头

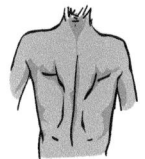

Rücken

背部

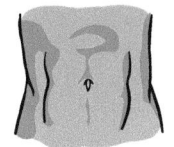

Bauch

肚子

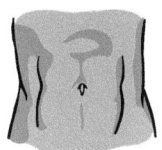

Nabel

肚脐

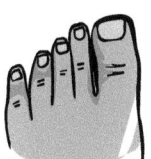

Zeh

脚趾

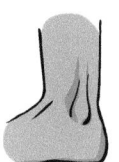

Ferse

脚后跟

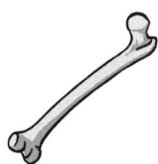

Knochen

骨头

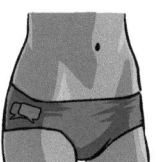

Hüfte

臀部

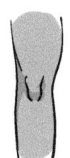

Knie

膝盖

Ellenbogen

手肘

Nase

鼻子

Gesäß

屁股

Haut

皮肤

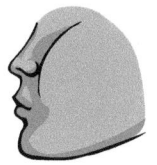

Wange

脸颊

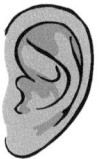

Ohr

耳朵

Lippe

嘴唇

Mund

嘴

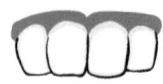

Zahn

牙齿

Zunge

舌头

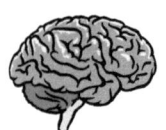

Gehirn

脑

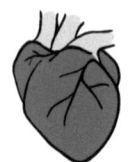

Herz

心脏

Muskel

肌肉

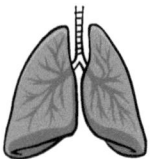

Lunge

肺

Leber

肝脏

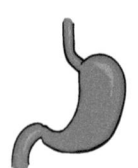

Magen

胃

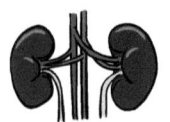

Nieren

肾脏

Geschlechtsverkehr

性交

Kondom

避孕套

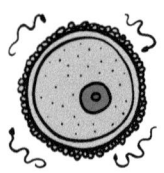

Eizelle

卵子

Sperma

精子

Schwangerschaft

怀孕

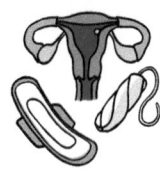

Menstruation

月经

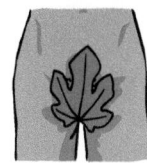

Vagina

阴道

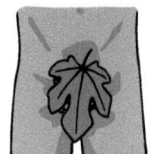

Penis

阴茎

Augenbraue

眉毛

Haar

头发

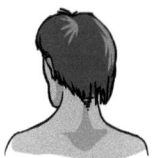

Hals

脖子

Krankenhaus
医院

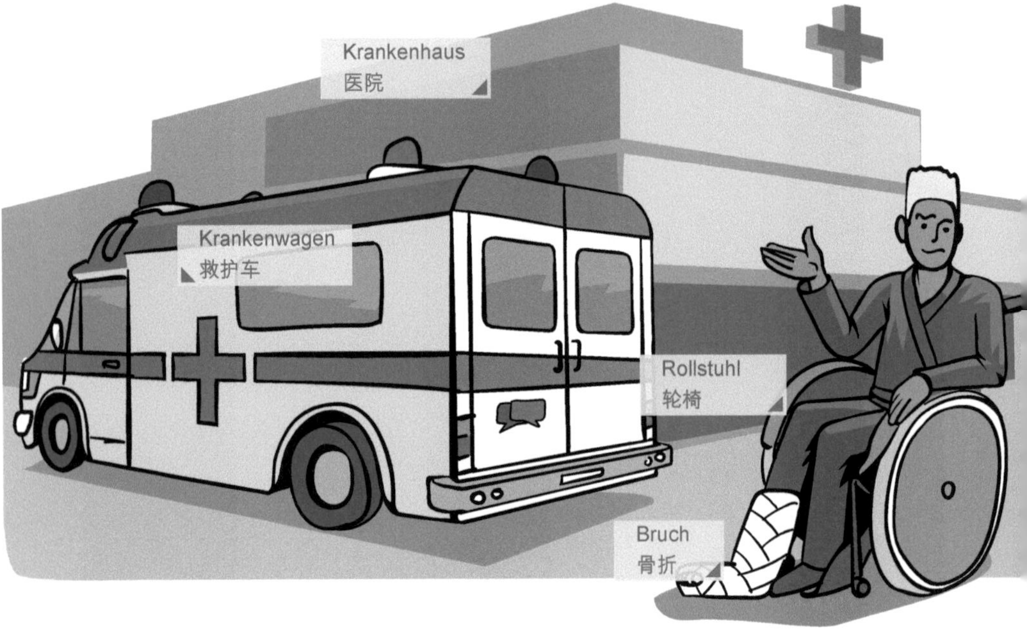

Krankenhaus
医院
Krankenwagen
救护车
Rollstuhl
轮椅
Bruch
骨折

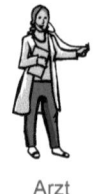

Arzt

医生

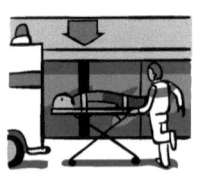

Notaufnahme

急诊室

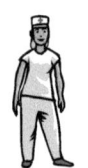

Krankenschwester

护士

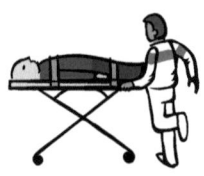

Notfall

紧急情况

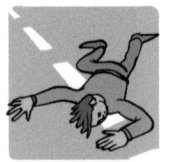

ohnmächtig

昏迷

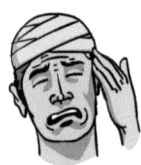

Schmerz

痛

Verletzung

受伤

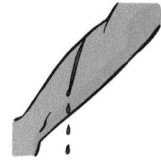

Blutung

出血

Herzinfarkt

心脏病发作

Schlaganfall

中风

Allergie

过敏

Husten

咳嗽

Fieber

发烧

Grippe

流感

Durchfall

腹泻

Kopfschmerzen

头痛

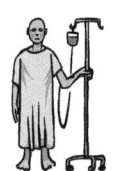

Krebs

癌症

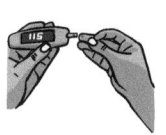

Diabetis

糖尿病

Chirurg

外科医生

Skalpell

手术刀

Operation

手术

CT

CT

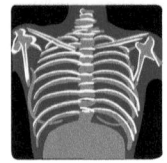

Röntgen

X光

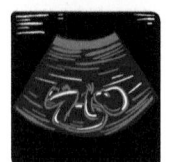

Ultraschall

超声波

Maske

口罩

Krankheit

疾病

Wartezimmer

候诊室

Krücke

拐杖

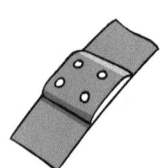

Pflaster

石膏

Verband

绷带

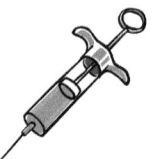

Injektion

注射

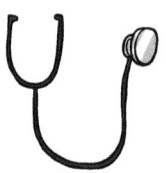

Stethoskop

听诊器

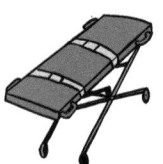

Trage

担架

Thermometer

体温计

Geburt

出生

Übergewicht

超重

Hörgerät

助听器

Desinfektionsmittel

消毒液

Infektion

感染

Virus

病毒

HIV / AIDS

艾滋病

Medizin

药物

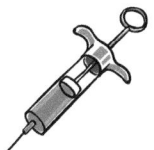

Impfung

接种疫苗

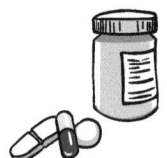

Tabletten

药片

Pille

药丸

Notruf

急救电话

Blutdruck-Messgerät

血压计

krank / gesund

生病/健康

Hilfe!

救命！

Alarm

警报

Überfall

突击

Angriff

攻击

Gefahr

危险

Notausgang

紧急出口

Feuer!

着火啦！

Feuerlöscher

灭火器

Unfall

意外

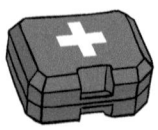

Erste-Hilfe-Koffer

急救箱

SOS

呼救信号

Polizei

警察

Europa

欧洲

Nordamerika

北美洲

Südamerika

南美洲

Afrika

非洲

Asien

亚洲

Australien

澳洲

Atlantik

大西洋

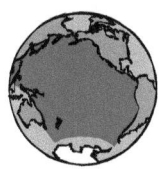

Pazifik

太平洋

Indischer Ozean

印度洋

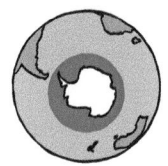

Antarktischer Ozean

南冰洋

Arktischer Ozean

北冰洋

Nordpol

北极

Südpol

南极

Antarktis

南极洲

Erde

地球

Land

陆地

Meer

海

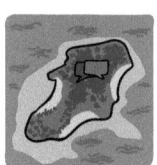

Insel

岛

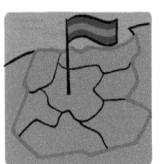

Nation

国家

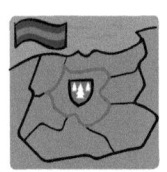

Staat

国家

Zifferblatt

钟面

Stundenzeiger

时针

Minutenzeiger

分针

Sekundenzeiger

秒针

Wie spät ist es?

现在几点？

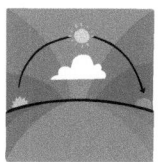

Tag

天

Zeit

时间

jetzt

现在

Digitaluhr

电子表

Minute

分

Stunde

时

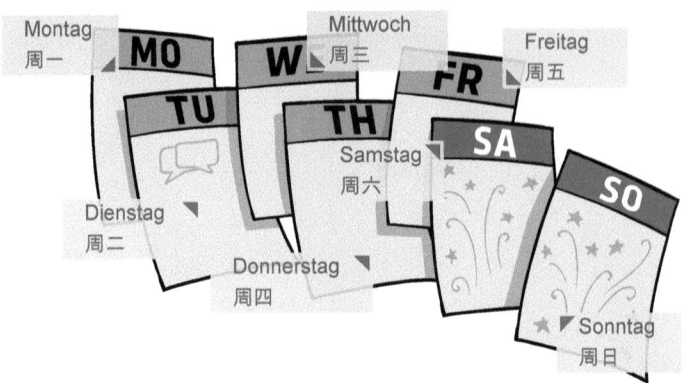

Montag
周一

Mittwoch
周三

Freitag
周五

Dienstag
周二

Donnerstag
周四

Samstag
周六

Sonntag
周日

gestern

昨天

heute

今天

morgen

明天

Morgen

早晨

Mittag

中午

Abend

晚上

Arbeitstage

工作日

Wochenende

周末

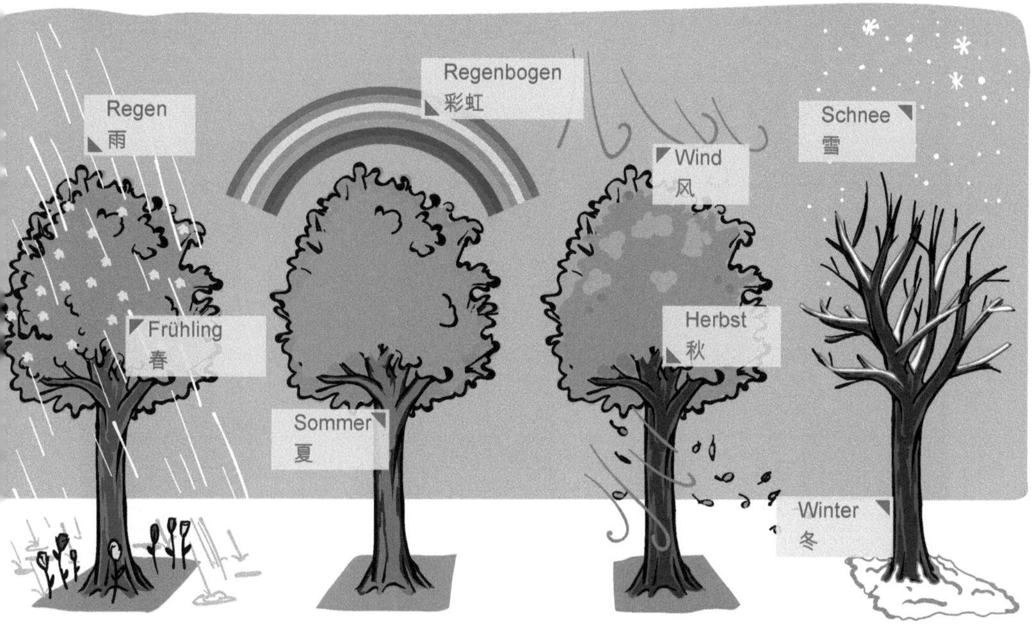

Regen
雨

Regenbogen
彩虹

Schnee
雪

Wind
风

Frühling
春

Sommer
夏

Herbst
秋

Winter
冬

Wettervorhersage

天气预报

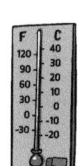

Thermometer

温度计

Sonnenschein

阳光

Wolke

云

Nebel

雾

Luftfeuchtigkeit

潮湿

Blitz

闪电

Donner

打雷

Sturm

风暴

Hagel

冰雹

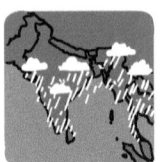

Monsun

季风

Flut

洪水

Eis

冰

Januar

一月

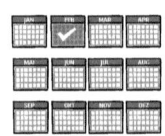

Februar

二月

März

三月

April

四月

Mai

五月

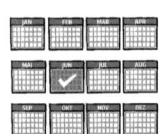

Juni

六月

Juli

七月

August

八月

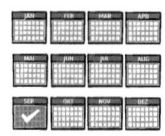

September

九月

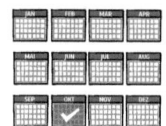

Oktober

十月

November

十一月

Dezember

十二月

Formen

形状

Kreis

圆形

Quadrat

正方形

Rechteck

长方形

Dreieck

三角形

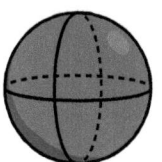

Kugel

球体

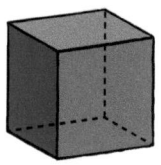

Würfel

立方体

Farben

颜色

weiß

白

gelb

黄

orange

橙

pink

粉

rot

红

lila

紫

blau

蓝

grün

绿

braun

棕

grau

灰

schwarz

黑

viel / wenig

很多/少许

wütend / friedlich

生气/平静

hübsch / hässlich

美/丑

Anfang / Ende

首/尾

groß / klein

大/小

hell / dunkel

明/暗

Bruder / Schwester

兄弟/姐妹

sauber / schmutzig

干净/肮脏

vollständig / unvollständig

完整/缺失

Tag / Nacht

白天/晚上

tot / lebendig

死/生

breit / schmal

宽/窄

genießbar / ungenießbar

可食用/非食用

böse / freundlich

邪恶/善良

aufgeregt / gelangweilt

兴奋/无聊

dick / dünn

胖/瘦

zuerst / zuletzt

第一/最后

Freund / Feind

朋友/敌人

voll / leer

满/空

hart / weich

硬/软

schwer / leicht

重/轻

Hunger / Durst

饿/渴

krank / gesund

生病/健康

illegal / legal

非法/合法

intelligent / dumm

聪明/愚笨

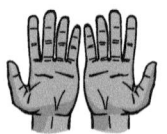

links / rechts

左/右

nah / fern

近/远

neu / gebraucht

新/旧

nichts / etwas

没有/有些

alt / jung

老/幼

an / aus

开/关

offen / geschlossen

打开/合上

leise / laut

安静/吵闹

reich / arm

富/穷

richtig / falsch

对/错

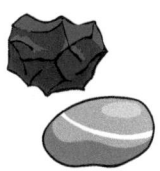

rau / glatt

粗糙/光滑

traurig / glücklich

伤心/高兴

kurz / lang

短/长

langsam / schnell

慢/快

nass / trocken

湿/干

warm / kühl

温暖/凉爽

Krieg / Frieden

战争/和平

数字

0

null
....
零

1

eins
....
一

2

zwei
....
二

3

drei
....
三

4

vier
....
四

5

fünf
....
五

6

sechs
....
六

7

sieben
....
七

8

acht
....
八

9

neun
....
九

10

zehn
....
十

11

elf
....
十一

12
zwölf
十二

13
dreizehn
十三

14
vierzehn
十四

15
fünfzehn
十五

16
sechzehn
十六

17
siebzehn
十七

18
achtzehn
十八

19
neunzehn
十九

20
zwanzig
二十

100
hundert
百

1.000
tausend
千

1.000.000
million
百万

Sprachen

语言

Englisch
....
英语

Amerikanisches Englisch
....
美式英语

Chinesisch Mandarin
....
普通话

Hindi
....
印地语

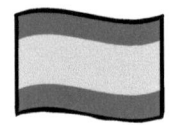

Spanisch
....
西班牙语

Französisch
....
法语

Arabisch
....
阿拉伯语

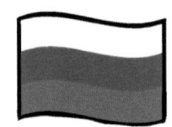

Russisch
....
俄语

Portugiesisch
....
葡萄牙语

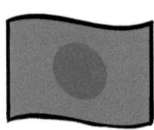

Bengalisch
....
孟加拉语

Deutsch
....
德语

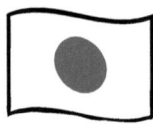

Japanisch
....
日语

ich

我

du

你

er / sie / es

他/她/它

wir

我们

ihr

你们

sie

他们

wer?

谁？

was?

什么？

wie?

怎样？

wo?

哪里？

wann?

什么时候？

Name

名字

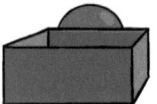

hinter

后面

in

里面

vor

前面

über

上方

auf

上面

unter

下面

neben

旁边

zwischen

中间

Ort

地点